LE DIVORCE

DES

ISRAÉLITES RUSSES

EN FRANCE

PAR

LOUIS WEILL

DOCTEUR EN DROIT

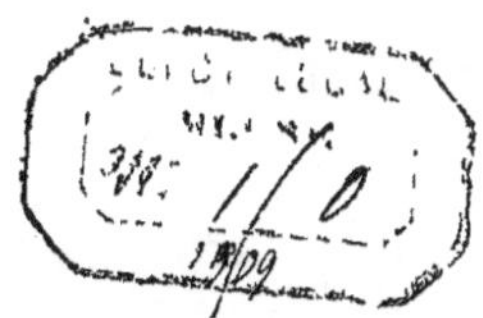

Extrait de la *Revue de Droit international privé*, 1908-1909

LIBRAIRIE
DE LA SOCIÉTÉ DU RECUEIL J.-B. SIREY & DU JOURNAL DU PALAIS
Ancienne Maison L. LAROSE et FORCEL
22, rue Soufflot, PARIS, 5ᵉ arrond.
L. LAROSE & L. TENIN, Directeurs

1909

LE

DIVORCE DES ISRAÉLITES RUSSES

EN FRANCE

Le 5 mars 1901, le tribunal civil de la Seine autorisait la dame Levinçon à faire, par voie d'enquête, la preuve des faits articulés par elle à l'appui de sa demande en divorce [1]. D'origine française, Madame Levinçon avait épousé en France un Russe; on ne contestait pas que son mariage à la fois civil et religieux, également valable par suite tant au regard de la loi française que de la loi russe, lui eût conféré la nationalité de son mari [2]: le tribunal civil de la Seine se trouvait donc avoir admis implicitement que les Israélites russes peuvent obtenir le divorce, dans les mêmes conditions et les mêmes formes que les Français, sans qu'aucune règle de leur statut personnel y vienne mettre un obstacle quelconque. Quelques années auparavant, il avait déjà adopté la même doctrine avec la même sérénité [3].

La question méritait cependant qu'on y réfléchît. Les Israélites russes sont soumis en Russie, en ce qui concerne le mariage et le divorce, à la loi juive et à l'autorité rabbinique [4] : par suite, on pouvait se demander s'il n'existait pas, entre leur

---

(1) Dalloz, 1903. 2. 53.

(2) Ukase du 6 mars 1864 sur la naturalisation, art. 17; C. civ. russe, édit. 1899, tit. 6, art. 855; C. civ. français, art. 19. — V. Dalloz, 1903. 2. 53, et *Journ. dr. int. pr.*, 1904. 436.

(3) Trib. Seine, 3 juill. 1896. *Journ. dr. int. pr.*, 1896. 848.

(4) C. civ. russe, édit. 1887, art. 30 ; Règlement des affaires du culte hébraïque, édit. 1896, art. 1325. — V. *Journ. dr. int. pr.*, 1903. 349.

W.   1

loi religieuse qu'il s'agissait d'appliquer en France et les dispositions purement civiles de la loi française, une incompatibilité absolue, qui s'opposait à l'application de la loi étrangère et obligeait le tribunal saisi à se déclarer incompétent. C'est la théorie qui fut soutenue dans l'appel interjeté contre la décision du tribunal de la Seine et qui triompha successivement devant la Cour de Paris et la Cour de cassation [1].

« Le principe de la séparation des matières civiles et reli-
« gieuses, dit la Cour de Paris,... met un obstacle absolu à ce
« que le juge se substitue à l'autorité religieuse pour dissoudre
« l'union qu'elle a formée;... il suffit que la dissolution du ma-
« riage doive revêtir une forme rituelle pour que le juge fran-
« çais auquel il est interdit de s'ingérer dans les matières reli-
« gieuses ne puisse y participer ». — Les tribunaux français,
confirme la Cour suprême, sont dans l'impossibilité de connaître d'un litige intéressant l'état des étrangers si les dispositions de la loi étrangère seule compétente « soit par la juridiction qu'elle
« impose, soit par les conditions de fond ou de forme qu'elle
« édicte, est contraire à l'ordre public français... Il en est ainsi
« notamment quand la loi étrangère enlève la connaissance du
« litige à l'autorité judiciaire pour la réserver à l'autorité reli-
« gieuse et la soumet quant à la forme à des rites de nature con-
« fessionnelle...; la défense faite par nos lois à nos tribunaux de
« s'ingérer dans les matières religieuses élève alors une fin de
« non recevoir absolue contre l'action dont ils sont saisis ».

Par un jugement du 18 décembre 1902 [2] le tribunal de la Seine s'était rallié à cette jurisprudence.

Elle n'avait pas été accueillie sans protestations doctrinales : deux savantes notes, l'une de M. Bartin sous l'arrêt de la Cour de Paris [3], l'autre de M. Pillet sous l'arrêt de la Chambre civile [4], la combattirent énergiquement. Méconnaissance d'un principe d'ordre public absolu, la neutralité de l'État en matière religieuse ; extension abusive aux conflits de juridictions des règles propres aux conflits de législations ; confusion de l'ordre public russe avec l'ordre public français et application regretta-

---

(1) Paris, 17 mars 1902, Dalloz, 1903. 2. 49. — Cass., 29 mai 1905, Sirey, 1906. 1. 161

(2) *Journ. dr. int. pr.*, 1903, 805.

(3) Dalloz, 1903. 2. 49.

(4) Sirey, 1906. 1. 161.

ble en France des règles qui garantissent le premier au détriment de celles qui sauvegardent le second : tels sont les griefs essentiels qu'ils lui imputèrent.

Elle devait pourtant s'imposer en fait : de nombreux israélites russes, convaincus qu'ils s'adresseraient en vain aux tribunaux français pour obtenir leur divorce, depuis l'arrêt de la Cour suprême, se résignent, par une interprétation contestable de cet arrêt, à recourir au tribunal rabbinique de Paris ; les divorces ainsi obtenus sont couramment transcrits sur les registres de l'état civil du département de la Seine en vertu de réquisitions formelles du parquet [1] ; parfois même des seconds mariages sont célébrés.....

Nous nous proposons d'examiner à notre tour une jurisprudence si grosse de conséquences : la portée pratique considérable qu'elle a eue, en dehors de l'intérêt théorique qu'elle présente, autorise et justifie ce nouvel examen.

Nous supposerons provisoirement, pour débarrasser le sujet de difficultés accessoires, qu'il s'agit de deux israélites, russes d'origine et valablement mariés en France ou en Russie. Nous examinerons ensuite les conditions de validité de leur mariage en France, et nous reviendrons naturellement à l'hypothèse de l'espèce en question, celle du mariage en France d'une Française avec un Russe.

I

L'arrêt de cassation du 29 mai 1905 repose sur un double postulat : 1° Les lois étrangères qui règlent les intérêts civils de leurs ressortissants d'après leur confession religieuse peuvent être invoquées en France devant les tribunaux français ; le principe de neutralité de l'État français entre les différents cultes en matière civile n'est pas d'ordre public absolu.

2° Pleinement compétents pour apprécier, suivant la loi religieuse qui les régit, les intérêts civils de ces étrangers, les tribunaux français ne sauraient agir à leur égard en qualité d'autorité religieuse suivant des formes rituelles.

Il est bien entendu que les intérêts civils dont il est ici question ne dépassent pas les limites du statut personnel dans les-

(1) Citons à titre d'exemple la transcription opérée à la mairie du IX° arrondissement à la date du 27 mars 1906. — Cf. Naquet, *le Journal*, 20 mars 1908.

quelles la loi étrangère jouit sur le territoire français d'une autorité certaine.

Les critiques de MM. Bartin et Pillet sont respectivement dirigées contre l'un et l'autre postulat et ne laissent rien subsister, par suite, des fondements sur lesquels la Cour suprême édifie sa doctrine : est-il permis, après des experts si autorisés, d'en éprouver à nouveau la solidité?

A. — M. Bartin tient pour incontestable le caractère d'ordre public absolu du principe de neutralité de l'État français en matière civile entre les différents cultes — surtout au point de vue des questions de forme, et, en particulier, des formes de la célébration et de la dissolution du mariage.

Voici comme il raisonne. Si on suppose qu'une loi étrangère ne connaisse que le mariage religieux, il faudra cependant que ses ressortissants qui se marient en France se marient civilement; leur mariage, exclusivement religieux, serait insuffisant ; « la célébration civile du mariage est obligatoire pour les étrangers comme pour les Français ». La règle est certaine, mais elle n'est évidemment qu'un aspect particulier d'un principe plus général qu'il est facile de formuler : dans l'ordre de la vie civile, les différences de culte ne comptent pas sur le territoire français ; l'État les ignore, qu'il s'agisse d'étrangers ou de Français. En d'autres termes, la neutralité de l'État entre les différents cultes en matière civile est d'ordre public absolu. Il serait d'ailleurs illogique de limiter l'application du principe à ses conséquences négatives; et il faut décider, par suite, que si les étrangers en question, obligés de se marier civilement en France, s'en tenaient à cette cérémonie, au mépris de leur loi nationale qui impose le mariage religieux, leur mariage serait néanmoins absolument valable au regard de la loi française. Les mêmes considérations doivent être étendues pour les mêmes motifs à la dissolution du mariage.

On pensera peut-être que l'argumentation n'est pas irréfutable : en effet, il n'est pas établi du tout que deux étrangers dont la loi nationale admet la pleine validité du mariage religieux doivent se marier civilement en France. L'autorité administrative et des jurisconsultes considérables se sont prononcés au contraire pour la validité du mariage exclusivement religieux au regard de la loi française. On a fait observer en particulier [1] :

(1) *Journ. dr. int. pr.*, question 158. 1907, 93.

1° que le caractère facultatif de la règle *locusregit actum* s'affirme de plus en plus et qu'on va jusqu'à reconnaître la validité d'un mariage réalisé en France par le simple consentement des parties; que c'est une étrange contradiction de déclarer nul un mariage religieux.

2° Qu'en admettant même que le prêtre qui préside à cette célébration, sans avoir la preuve d'un mariage civil préalable, tombe sous le coup de la loi pénale (C. pén., 199), il n'en résulte pas nécessairement que le mariage soit nul — pas plus qu'un mariage célébré au mépris d'oppositions dûment signifiées qui entraîne cependant pour l'officier de l'état civil une amende de 300 francs (C. civ., 68).

Nous ne voulons pas pour le moment prendre parti dans cette controverse : il nous suffit qu'il y ait controverse pour que l'exemple choisi par M. Bartin ne puisse être invoqué comme la conséquence certaine d'un principe incontesté. Ce principe, il ne l'établit pas : est-ce parce qu'il se défend de faire de la question un examen approfondi? On ne saurait oublier cependant que la notion d'ordre public en droit international privé est une sorte de fin de non-recevoir opposée, au nom d'un principe supérieur, à l'application dans un pays donné d'une loi étrangère normalement compétente, et que la charge de la preuve revient de droit à qui l'oppose. Cette preuve n'est pas faite et nous le demandons : où est, dans l'hypothèse qui nous occupe, le principe supérieur qui justifierait cette fin de non-recevoir? en quoi la morale, l'intérêt de l'État, la notion commune de droit et de justice, les règles fondamentales de la législation sont-elles atteintes parce que le statut personnel de certains étrangers continue d'être régi en France, comme il l'était dans leur pays d'origine, suivant des dispositions d'une loi religieuse? Sans doute, si l'application de la loi étrangère conduisait à refuser en France à des étrangers, parce qu'ils appartiennent à une confession déterminée, l'exercice de certains droits essentiels — tels, le droit de se marier ou de contracter librement — on refuserait justement de s'associer à de pareilles iniquités. Mais quand elle prescrit simplement que les droits de ses ressortissants soient exercés suivant les conditions de fond et de forme d'une loi religieuse, nous ne voyons pas à quel titre on protesterait : les intérêts ni les principes français n'en sont menacés. Nous avons voulu que les droits civils des Français fussent réglés en dehors de toute considération confessionnelle ; nous avons relégué dans le domaine de la conscience et du for intérieur le culte et la religion : c'est affaire à nous. Mais nous ne pouvons pas prétendre que tous les peuples de la terre soient arrivés au même état de développement. Nous savons trop ce qu'il a fallu en France d'efforts constants, de légistes, de philosophes et d'hommes d'État, de révolutions triomphantes et de réactions étouffées, afin d'arriver à la séparation complète du domaine religieux et du domaine juridique, pour méconnaître chez autrui les nécessités de cette évolution ; le respect que nous devons aux souverainetés étrangères nous commande d'en respecter chez elles la nécessaire lenteur. Nous savons trop quel lien intime existe entre la législation civile d'un pays et son état de développement philosophique et moral, pour vouloir, en étendant de parti pris aux étrangers une règle qui est faite pour les Français, risquer de tomber à côté de leurs mœurs, de leurs conceptions et de leur intelligence, et aboutir par suite à des injustices ou à des incohérences. Ce serait manquer à la fois de tolérance, de sens historique et d'esprit juridique. Il est faux de dire que nous ne connaissons que des étrangers, comme nous ne connaissons que des Français, en matière civile : nous connaîtrons des étrangers catholiques, protestants, juifs ou mahométans, si les lois étrangères compétentes que nous sommes tenus d'appliquer en France connaissent des catholiques, des protestants, des juifs ou des mahométans. En résumé, nous ne devons pas aux étrangers l'égalité civile malgré leurs différences de culte.

Nous leur devons quelque chose cependant — et c'est la pleine liberté de culte et de conscience : voilà le principe fondamental et universel dont les étrangers, comme les Français, ont le droit de réclamer en France l'exacte application. Inscrit dans la première déclaration des droits de 1789, il n'a jamais été effacé de notre législation et se retrouve encore dans la loi de séparation du 12 décembre 1905. Nul ne songe, sans doute, à en contester l'application directe, et personne ne suppose qu'on puisse valablement empêcher les étrangers de pratiquer leur culte national sur notre territoire ni les y forcer. Mais on en doit pareillement respecter toutes les conséquences ; et si on suppose qu'une loi étrangère déterminée subordonne la validité de certains actes déterminés à la célébration de cérémonies cultuelles, il serait contradictoire de s'approprier ses disposi-

tions : il revient au même, en effet, d'obliger directement les
gens à célébrer en totalité ou en partie les cérémonies d'un
culte donné, ou de les y contraindre indirectement en annulant
les actes juridiques qu'ils accompliraient sans s'y conformer.
En d'autres termes, nous considérons que les étrangers en France
sont libres en principe de suivre les formes religieuses de leur
loi nationale ou de recourir aux formes civiles de la loi locale, et
que le même acte accompli suivant les unes ou les autres doit
être également valable : cette alternative que nous leur laissons
nous paraît le seul moyen de concilier le respect du statut personnel avec les règles essentielles de notre droit public.

La question s'est posée en fait : le 28 avril 1906, le tribunal
civil de la Seine, contrairement à la théorie que nous venons
d'exposer, prononçait la nullité d'un mariage exclusivement
civil célébré en France entre deux juifs autrichiens[1]. ·

Nous ne pensons pas cependant que cette jurisprudence doive
être condamnée et voici pourquoi : la loi autrichienne règle d'a-
près leur confession le mariage et le divorce de ses ressortissants ; elle distingue selon qu'il s'agit de catholiques, de non
catholiques, de juifs ou de personnes qui n'appartiennent à
aucune religion ; une inscription faite sur un registre *ad hoc*
au moment de la naissance détermine la religion ou l'absence
de religion des intéressés ; il suffit pour changer de catégorie —
et par suite de législation civile — d'une déclaration consignée
sur un registre après la majorité [2]. Dans l'espèce, la déclaration d'abandon de religion n'avait pas eu lieu. Or, autant il est
admissible que les étrangers fassent litière des dispositions de
leur loi nationale, quand elle les enferme dans des obligations cultuelles, autant cela devient déraisonnable, quand elle
leur laisse une porte de sortie. Tout ce que nous demandons
c'est que les étrangers ne soient pas astreints, sur notre
territoire, à des pratiques religieuses : du moment que la loi
dont ils relèvent leur permet d'y échapper au moyen d'une
formalité très simple — une déclaration de volonté reçue par
les autorités nationales ou ses représentants diplomatiques
à l'étranger [3] — ils n'ont aucune raison de ne pas obéir aux

(1) *Journ. dr. int. pr.*, 1906, 1146. — Cette *Revue*, 1906, 738 et 751.
(2) Loi du 9 avr. 1870. — *Journ. dr. int. pr.*, 1906, 410. — Cf. *ibid.*, 1904,
383 et 678 et Lyon-Caen, *Bull. soc. legisl. comparee*, 1882, 64.
(3) Des renseignements que nous avons obtenus au Consulat général d'Au-

prescriptions très libérales de leur statut personnel et seraient bien mal venus d'invoquer, pour s'y soustraire en France, des principes d'ordre public français qu'il n'atteint pas. Si au contraire, comme il arrive pour la loi russe, la loi étrangère ne prévoit pas pour ses ressortissants la possibilité de se soumettre à une législation extra-confessionnelle, ou si elle subordonne l'exercice de ce droit à des formalités impraticables en France, en ce cas l'ordre public français outragé reprend son empire, écarte la loi étrangère, et valide sans condition ni restriction les actes juridiques accomplis dans les formes civiles de la loi locale.

Résumons-nous : la neutralité de l'État français entre les différents cultes en matière civile est une règle de droit privé faite pour les Français et non pour les étrangers; au contraire, la liberté de conscience et de culte est une règle de droit public qu'il faut appliquer, avec toutes les suites qu'elle comporte, aux étrangers comme aux Français. De là les conséquences suivantes : les principes d'ordre public reçus en France n'interdisent pas que les étrangers restent soumis sur le territoire français à un statut personnel de caractère religieux; mais ils s'opposent à ce qu'ils y soient astreints à des pratiques cultuelles pour la validité de leurs actes juridiques; ils doivent en être dispensés d'office, s'ils ne trouvent pas dans leur statut personnel le moyen de s'y soustraire.

B. — Arrivons au second postulat de la Cour de cassation ; on se rappelle que nous l'avons formulé dans les termes suivants : « Pleinement compétents pour apprécier suivant la loi religieuse qui les régit les intérêts civils de certains étrangers, les tribunaux français ne sauraient agir à leur égard en qualité d'autorité religieuse suivant des formes rituelles ». Il importe, avant d'établir le bien-fondé du principe, d'établir l'exactitude de la formule.

Reportons-nous à cet effet au texte de l'arrêt dont la partie

triche-Hongrie, il résulte qu'il faut distinguer deux hypothèses : ou bien les Autrichiens qui résident en France abandonnent leur religion pour une autre; ils doivent dans ce cas donner avis de leur conversion à l'autorité autrichienne de leur confession première, sans que le consulat intervienne; ou bien, et c'est l'hypothèse la plus naturelle, ils se déclarent sans confession et leur déclaration est transmise par l'intermédiaire du consulat à l'autorité politique de leur domicile politique, dit domicile d'indigénat.

essentielle est ainsi conçue : « Attendu que si les règles de com-
« pétence et les formes de procédure déterminées par la loi
« française sont applicables au cas où les étrangers portent de-
« vant les tribunaux français un litige intéressant leur état, ce
« litige ne peut toutefois être apprécié que d'après la loi natio-
« nale des parties ; que par suite les tribunaux français se trou-
« vent dans l'impossibilité d'en connaître, si les dispositions de
« ladite loi, soit par la juridiction qu'elles imposent, soit par les
« conditions de fond ou de forme qu'elles édictent, sont contraires
« à l'ordre public français ;... Attendu qu'il en est ainsi notam-
« ment *quand la loi étrangère enlève la connaissance du litige à*
« *l'autorité judiciaire pour la réserver à l'autorité religieuse, et*
« *la soumet, quant à la forme, à des rites de nature confession-*
« *nelle ;* que *la défense faite par nos lois à nos tribunaux de*
« *s'ingérer dans les matières religieuses élève alors une fin de non-*
« *recevoir absolue contre l'action dont ils sont saisis ;...* Attendu
« *qu'on ne saurait argumenter en sens contraire de la règle de*
« *neutralité de l'État français entre les différents cultes au point*
« *de vue des intérêts civils de leurs adhérents,* cette règle, qui
« gouverne uniquement les mariages soumis à la loi française,
« *ne fait pas obstacle à ce que nos tribunaux déduisent d'un*
« *mariage religieux célébré entre deux étrangers les conséquences*
« *juridiques qu'il implique à leur égard d'après la loi qui régit*
« *leur état ;...* Attendu qu'il importe peu que le mariage... ait
« été célébré devant un officier de l'état civil français ; *en sou-*
« *mettant leur union aux formes instituées par la loi française,*
« *les époux n'ont pu soustraire les conditions de son existence et*
« *de sa rupture à l'empire de leur statut personnel* ».

Cet arrêt appelle trois observations :

1° La règle de neutralité de l'État français entre les différents cultes en matière civile est formellement écartée : elle
gouverne uniquement « les mariages soumis à la loi française »,
donc, en généralisant, les seuls actes juridiques qui rentrent
dans le statut personnel des Français. — C'est le premier point
que nous avons développé.

2° De ce que « *nos tribunaux pensent déduire d'un mariage*
« *religieux contracté entre deux étrangers les conséquences juridi-*
« *ques qu'il implique d'après la loi que régit leur état* », il résulte cette double conséquence : que si la loi étrangère renvoyait,
en ce qui concerne les conséquences juridiques du mariage de

ses nationaux, aux dispositions d'une loi religieuse, nos tribunaux se trouveraient naturellement amenés à en faire l'application ; — qu'il leur appartient, dans tous les cas, avant de déduire ces conséquences, d'apprécier s'il y a bien mariage religieux valable, d'après la loi nécessairement religieuse qui régit sur ce point l'état des intéressés. La logique seule imposcrait cette solution que sous-entend la dernière partie de notre arrêt : il serait inadmissible en effet qu'un tribunal pût déterminer les effets d'un acte juridique, sans avoir le droit d'examiner si cet acte est valable et régulier, et quand la Cour suprême proclame « *qu'en* « *soumettant leur union aux formes instituées par la loi française* « *les époux n'ont pu soustraire les conditions de son existence.....* « *à l'empire de leur statut personnel* », elle entend reconnaître aux tribunaux français le pouvoir d'apprécier si ces conditions sont réunies.

3° On aurait tort d'objecter qu'une telle appréciation équivaut à « cette ingérence dans les matières religieuses » que la Cour suprême leur interdit absolument. En effet, elle leur dénie toute compétence dans les litiges que la loi étrangère « *réserve à l'autorité religieuse et soumet quant à la forme à des rites de nature confessionnelle* » — mais seulement dans cette hypothèse : or, quand un litige a pour objet d'examiner si des formalités religieuses prescrites par la loi étrangère ont été observées, rien ne prouve que cette loi le soumette quant à la forme à des rites de nature confessionnelle, et tout prouve au contraire qu'il n'en est rien. Un litige relatif à la validité d'un acte donné, valable dans des conditions déterminées, quelles qu'elles soient, est un litige courant de caractère absolument laïque, et pour lequel il serait hors de propos d'imposer une procédure confessionnelle.

De cette analyse minutieuse une distinction se dégage dans la doctrine de la Cour de cassation : entre la simple application de lois étrangères de caractère religieux qu'elle autorise et la substitution, qu'elle prohibe, de la justice française à une autorité religieuse étrangère qui statue entre ses ressortissants suivant des formes rituelles.

Notre formule s'efforce de traduire fidèlement cette distinction délicate, dont le second terme reste encore obscur : l'exemple suivant va nous permettre de dissiper cette obscurité.

Supposons que deux étrangers, dont le statut personnel tient pour valables le mariage et le divorce exclusivement religieux, résident en France et s'y soient mariés : civilement pour obéir à la loi locale, considérée à tort ou à raison comme d'ordre public ; religieusement pour obéir à leur loi nationale ; il se trouve qu'ils ont involontairement négligé certaines de ses prescriptions ; et que, faisant ensuite mauvais ménage, ils aient, ou croient avoir deux moyens de dissoudre leur union devenue malheureuse : la nullité du mariage et le divorce.

Forment-ils une action en nullité ? le tribunal saisi statuera sans difficulté. Ce qu'on lui demande, c'est de rechercher si des formalités déterminées, prescrites par une loi étrangère déterminée, pour un acte déterminé, ont été ou non observées : c'est ce qu'il fait tous les jours et peu importe que ces formalités aient un caractère religieux ; cela ne change pas le caractère de sa mission qui rentre dans le cercle ordinaire de ses attributions. Qu'on n'objecte pas l'incompétence de fait d'un tribunal civil en matière religieuse et l'impossibilité où il se trouve de décider si des formalités religieuses ont été suivies et régulièrement suivies : il arrive continuellement qu'un tribunal n'ait pas de connaissances techniques sur un point de fait et doive recourir à des hommes de l'art, à des experts, dont l'avis éclaire sa religion, sans obliger sa conviction ; il agira de même dans notre hypothèse et trouvera auprès de l'autorité religieuse et à titre documentaire tous les renseignements nécessaires. Les tribunaux français n'ont jamais opposé leur incompétence dans les litiges de cette nature, et M. Pillet, dans la note que nous avons citée, rappelle un arrêt de la Cour de Douai du 18 novembre 1903, confirmé en cassation, qui annule un mariage religieux célébré à l'étranger, conformément à la loi autrichienne, entre deux israélites qui avaient négligé certaines formalités de publicité.

Si, au contraire, les étrangers en question forment une demande en divorce, on comprend à merveille qu'un tribunal français se déclare incompétent. En effet, aux termes de leur statut personnel, le divorce est prononcé dans leur pays d'origine par l'autorité religieuse et conformément à la loi religieuse. Et le tribunal français qu'on saisit ne doit plus se contenter d'apprécier un état de droit existant suivant les dispositions d'une loi religieuse ; il faut qu'il crée un état de droit nouveau conformément à la loi religieuse et à la place de l'autorité religieuse ordinairement compétente; qu'il procède, comme elle l'eût fait elle-même, dans les mêmes conditions de fond et de forme où elle eût procédé, à la dissolution religieuse d'une union religieuse. Ce qu'on lui demande, en d'autres termes, c'est d'agir en qualité d'autorité religieuse, et c'est justement ce qu'un tribunal civil ne saurait accepter. Il y a une incompatibilité absolue entre sa nature et la mission qui lui est offerte : son incompétence s'impose.

La distinction sur laquelle repose, à notre sens, la doctrine de la Cour suprême se trouve ainsi éclaircie et vérifiée : autant il est naturel qu'un tribunal français examine conformément à une loi religieuse la validité d'un mariage religieux célébré entre deux étrangers, autant il est inadmissible qu'il statue sur une instance en divorce entre des étrangers, dont la loi nationale fait du divorce qu'elle soumet à l'autorité et à la loi religieuse la dissolution religieuse d'une union religieuse[1].

Seulement il importe d'éviter, dans l'application de cette doctrine, une confusion qui en fausserait l'esprit. Si l'incompétence du tribunal français s'impose avec cette sorte d'évidence, ce n'est pas parce que, dans la loi personnelle des intéressés, le divorce est prononcé par l'autorité religieuse en vertu d'une loi religieuse; c'est parce qu'il est la dissolution religieuse d'une union religieuse ; en d'autres termes, parce qu'il a, non l'apparence, mais le caractère d'un acte religieux auquel un tribunal français, pouvoir civil et laïque, ne saurait procéder. Il en résulte que, pour remplir cette condition et produire ces conséquences, le divorce doit répondre à un critérium très précis qu'on peut ainsi formuler : un acte accompli au nom d'un dogme de foi à une souveraineté métaphysique et au moyen de pratiques rituelles quelconques.

Il arrivera le plus souvent que les deux circonstances soient réunies : un divorce, réalisé par l'autorité religieuse en vertu d'une loi religieuse, sera le plus souvent un acte religieux tel qu'il vient d'être défini [2]. Mais il peut se faire qu'il en soit

----

(1) C'est précisément cette distinction nécessaire que M. Pillet n'établit pas : de là le reproche de contradiction qu'il adresse à la Cour de cassation. « Dans « les deux hypothèses, action en nullité, divorce, la loi applicable au mariage « se borne à donner sa sanction aux règles existantes dans la religion des époux : « comment se fait-il que dans un cas la Cour permette aux magistrats de s'im- « miscer dans ces questions et qu'elle leur refuse ce droit dans l'autre ? »

(2) On en peut donner pour exemple la *diffarreatio* romaine, dissolution re-

autrement : on conçoit très bien que dans une société primitive où la division des pouvoirs n'est pas faite on confie à une autorité religieuse un rôle exclusivement civil; qu'on la fasse intervenir, à cause de son caractère sacré, dans une circonstance importante de la vie juridique; à cause de son caractère patriarcal, dans une circonstance importante de la vie familiale. Mais on conçoit également que cette intervention ne puisse changer le caractère de la cérémonie où elle se produit, faire, d'une cérémonie laïque une cérémonie confessionnelle, ni d'un acte civil un acte religieux.

Peut-être y aurait-il intérêt à traduire dans les mots cette distinction ; à substituer au langage courant, obscur et imprécis, des expressions claires et significatives; à parler non de divorce civil ou religieux, mais de divorce laïque ou confessionnel? Dans une remarquable étude sur la forme du testament en droit international privé (1), M Lainé s'élève une fois de plus contre les terminologies vagues qui ont produit dans l'ancien droit et le droit moderne tant d'erreurs et de confusions : il n'est pas sûr que, dans l'espèce qui nous occupe, la Cour de cassation ait su éviter cet écueil.

Certes, quand elle proclame qu'un tribunal français ne saurait agir en qualité d'autorité religieuse, sa thèse est inattaquable ; mais quand, au nom de ce principe, elle oppose une fin de non-recevoir absolue aux demandes en divorce des Israélites russes en France, il est possible qu'elle tire des conclusions trop hâtives de prémisses certaines. Oui, c'est le rabbin qui statue en vertu de la loi mosaïque sur le divorce des Israélites russes en Russie; oui, le divorce des Israélites russes a bien, dans le statut personnel des intéressés, l'apparence d'un divorce confessionnel; mais l'apparence répond-elle à la réalité? c'est ce que la Cour de cassation n'a pas examiné — et ce qu'il faudrait pourtant examiner.

ligieuse d'un mariage religieux, la *confarreatio*, par la célébration d'une cérémonie religieuse contraire. La *confarreatio* a pour éléments essentiels l'offrande d un pain d'épeautre à Jupiter et la prononciation de paroles sacramentelles devant dix témoins, le grand pontife et le flamine de Jupiter (Girard, *Manuel de droit romain*, 2ᵉ édit., p. 144 et 155).

(1) Cette *Revue*, 1907. 833.

II

C'est dans le *Schulchan Arouch* que se trouve la législation propre aux Israélites : on désigne sous ce nom un commentaire résumé des lois israélites usuelles établi au 16° siècle (1522-1554) par Joseph Karo dans les conditions suivantes. La législation juive était condensée, à cette époque, dans trois recueils généraux, les abrégés d'El Faci et de Maïmonide et le commentaire de Jacob Ascher ; chacun avait sa méthode, sa doctrine et ses commentateurs : de là une masse de décisions contradictoires où il était difficile de se reconnaître et qu'il devenait nécessaire de codifier. Karo essaya et réalisa cette codification, en s'inspirant des principes suivants qu'il indique lui-même dans la préface de son ouvrage : composer un recueil complet des lois usuelles, avec l'indication de leur origine dans le Talmud ; exposer pour chacune les opinions controversées avec leurs motifs respectifs ; adopter celle qui rallie au moins deux des grands casuistes, El Faci, Maïmonide et Jacob Ascher ; se référer à défaut d'accord entre eux aux docteurs de moindre envergure... tel fut le plan d'un travail « exécuté avec tant de soin et d'impartialité qu'il a servi, dès qu'il a paru, de Code rabbinique et qu'il n'a cessé depuis trois siècles de régir le monde israélite [1] ». Toutefois la secte des Caraïtes, quelques communautés de Pologne et du nord de l'Allemagne, et les communautés marocaines n'en suivent pas absolument les prescriptions.

Le *Schulchan Arouch* est divisé en quatre parties [2] : les deux premières sont consacrées aux questions religieuses ; la quatrième aux biens ; la troisième, dénommée *Eben Haezer* est la seule qui nous intéresse ; elle comprend cinq titres qui traitent respectivement des unions, du mariage, de la dot, du divorce et du lévirat. C'est à elle que la Cour de Paris et la Cour de cassation se sont référées successivement ; nous l'examinerons

(1) *Schulchan Arouch*, Introduction, p. 35.
(2) Chaque partie est subdivisée en titres, chapitres, articles : une série unique de numérotage désigne tous les chapitres d'une même partie.

à notre tour, en nous préoccupant d'abord des conditions de fond, puis des formes du divorce (1).

A. — Les conditions de fond du divorce sont indiquées dans les textes suivants qui figurent au *Schulchan Arouch* soit comme articles de lois, soit à titre de commentaires.

Chap. X. — Art. 1. — Le mari peut répudier sa femme et la reprendre indéfiniment.

Sur l'article 1er. 1° Cette loi est tirée du Deutéronome... (Chap. 24, Verset 1). Si un homme ayant épousé une femme... en conçoit ensuite du dégoût à cause de quelque défaut honteux, il fera un écrit de divorce et l'ayant mis entre les mains de cette femme, il la renverra hors de sa maison.

4° et 5° Mais que doit-on entendre par défaut honteux ? Ce qui est contraire à la pudeur, disent les uns, ou bien, suivant une autre école, tout ce qui pouvait déplaire au mari, au physique comme au moral. Cette dernière opinion a triomphé.

6° Tout en conservant à l'homme un droit presque absolu de divorcer, les rabbins engagent cependant les maris à ne répudier leurs femmes que si elles sont convaincues d'adultère.

16° Le mari ne peut pas toujours répudier sa femme.

17° La répudiation est défendue au mari qui a outragé sa femme par une fausse accusation (de non-virginité, Deutéronome, ch. 22, v. 14-19).

18° Le mari ne peut pas non plus répudier la femme qui lui est imposée par le Deutéronome (la vierge à laquelle il a été fait violence, ch. 22, v. 28-29).

20° La loi rabbinique interdit à l'homme qui a épousé une femme atteinte d'aliénation de la divorcer (2).

Chap. 119. — Art. 6. — Le mari peut répudier sa femme sans son consentement.

Sur l'article 6. — Guershom défend cependant au mari de répudier sa femme sans son consentement, et cette défense s'est appliquée à toutes les communautés représentées au synode de Worms, c'est-à-dire à tous les juifs d'Occident (3).

Chap. 178. — Art. 10. — Le mari qui a porté contre sa femme une accusation d'adultère devra la répudier ; il ne lui sera permis de la conserver que s'il se rétracte et s'il donne un motif plausible de son accusation.

---

(1) Les textes que nous citons plus loin sont empruntés à la traduction française du Code rabbinique par Sautayra et Charleville (Alger, 1868). Les règles juridiques que nous en tirons sont indiquées dans les ouvrages suivants : *La femme juive, sa condition légale dans la Bible et le Talmud*, par le Rabbin Emmanuel Weill (2e édit., Paris, 1907). — *La famille dans l'antiquité Israélite* par le Rabbin Louis-Germain Lévy (thèse de doctorat ès-lettres, Paris, 1904). Nous devons enfin de précieux renseignements à MM. les Rabbins Israël Lévy, Professeur de Législation talmudique à l'école pratique des Hautes Études, et Manuel, Secrétaire du Consistoire israélite et du Tribunal rabbinique.

(2) Sch. Ar., t. I, p. 72, 73, 75.

(3) T. II, p. 233.

Art. 11. — Si après l'avertissement régulier (donné devant deux témoins) la rumeur publique accuse la femme d'adultère, le mari devra la répudier.

Art. 15. — Lorsque deux témoins affirmeront avoir rencontré la femme avec un homme et dans une situation qui ne permet pas de douter de sa culpabilité, le mari devra donner la répudiation (1).

Chap. 134. — Art. 1er. — La répudiation pour être valable doit être volontaire.

Art. 5. — La répudiation arrachée au mari n'est frappée de nullité qu'autant que le mari a fait une protestation; s'il n'a pas protesté ou si la violence n'a été exercée que pour forcer le mari à donner la répudiation dans un cas où elle est obligatoire, la répudiation sera valable.

Art. 9. — Le Tribunal rabbinique peut demander l'intervention des autorités du pays, pour forcer, par les moyens coercitifs dont elles disposent, le mari à donner le divorce dans le cas où il est obligatoire et la répudiation ainsi obtenue ne sera pas considérée comme arrachée par violence (2).

Chap. 154. — Art. 1er. — Peut être forcé de répudier sa femme si elle l'exige... le mari qui répand par la bouche ou par le nez des exhalaisons intolérables et celui qui est réduit pour vivre à ramasser des crottins de chien..... La répudiation sera obligatoire pour le lépreux, même contre le gré de sa femme, à moins que les époux ne puissent pas avoir de rapport ensemble.

Sur l'article 1er. — Le mot lépreux... n'est pas limitatif, il est simplement indicatif, aussi les casuistes n'ont-ils pas hésité à l'étendre à tous les cas qui présentaient quelque analogie. Ainsi le mari qui est affecté de la teigne ou de maladies vénériennes est obligé comme le lépreux de répudier sa femme. Il en est de même de celui qui contrarie la conscience de sa femme, qui lui fait subir de mauvais traitements, des sévices ou des outrages graves.

Art. 3. — Le mari qui ne pourvoit pas à la nourriture et à l'entretien de sa femme sera obligé de la répudier en lui payant sa dot. La femme peut aussi forcer son mari à la répudier s'il ne cohabite pas avec elle.

Art. 6. — L'impuissance, prouvée par un mariage de dix ans, autorise la femme à demander la répudiation lorsque cette demande est faite dans le but d'avoir des enfants pour la soutenir dans ses vieux jours.

Art. 20. — Tout mariage à un degré prohibé par la loi rabbinique emporte répudiation forcée (3).

Des textes qui précèdent on peut déduire les règles suivantes :

1. Le mari est libre de répudier sa femme toutes les fois qu'il lui plaît. Exception est faite pour les hypothèses spéciales prévues par la loi mosaïque (fausse accusation de non-virginité portée contre la femme ; viol de la femme vierge qui a rendu

(1) T. II, p. 353.
(2) T. II, p. 252, 253, 255.
(3) T. II, p. 289-292.

le mariage nécessaire) et par la loi rabbinique (état d'aliénation de la femme antérieur au mariage).

II. La répudiation n'est valable que si la femme consent à
la recevoir.

III. Le consentement de la femme n'est pas nécessaire dans
les cas où le mari est légalement tenu de la répudier : lèpre du
mari ; adultère de la femme ; mariage à un degré prohibé.

IV. La femme peut contraindre son mari à la répudier
toutes les fois qu'il se soustrait à une des obligations naturelles
du mariage : défaut d'entretien de la femme ou de cohabitation ;
impuissance ou état physique du mari qui rend la cohabitation
impossible ; violence physique ou morale exercée contre la
femme ; exercice d'une profession repoussante [1].

B. — Dans la forme, le divorce juif consiste essentiellement
dans la remise d'une lettre de répudiation opérée par le mari
entre les mains de sa femme en présence d'un certain nombre
de témoins [2]. Nous devons indiquer successivement : les prin-
cipales règles relatives à la rédaction et à la remise de l'acte
de répudiation ; sa formule type ; et le détail du cérémonial
prescrit.

I. *Formes de la répudiation.* — Chap. 120. — Art. 1er. — L'acte de répudiation doit être commandé par le mari ou par son mandataire.

Art. 3. — L'acte peut être dressé hors la présence de la femme, mais il faut
que les témoins s'assurent au préalable de l'identité des époux.

Art. 4. — Le scribe ne dressera l'acte et les témoins ne le signeront que sur
l'injonction directe qui leur en sera faite par le mari.

Chap. 121. — Art. 1er. — Le mari doit avoir toute sa raison quand il fait
dresser l'acte de répudiation.

Chap. 125. — Art. 19. — L'acte de répudiation doit être écrit sans ratures,
surcharges, ni interlignes.

Chap. 126. — Art. 1er. — L'acte de répudiation peut être écrit en caractères
vulgaires ou avec les caractères spéciaux aux Israélites. Il peut également être
rédigé en toutes langues, mais il ne peut être rédigé partie dans une langue, partie dans une autre.

Chap. 130. — Art. 1er. — Deux témoins irrécusables doivent signer au bas de
l'acte.

Art. 19. — L'acte de répudiation peut être dressé par les tribunaux du pays,
mais les témoins doivent être israélites.

(1) Cf. Louis-Germain Lévy, *op. cit.*, 211-219 et Emmanuel Weill, *op. cit.*,
p. 87, 93.

(2) Emmanuel Weill, *op. cit.*, p. 94 et 95. — Louis-Germain Lévy, *op. et
loc. cit.*

Chap. 131. — Art. 1er. — L'acte de répudiation doit être écrit et signé au nom du mari et dans l'intention de répudier la femme à peine de nullité.

Chap. 133. — Art. 1er. — L'acte de répudiation devra être remis à la femme en présence de deux témoins irrécusables.

Art. 3. — Il est d'usage de procéder à la répudiation en présence de dix hommes majeurs.

Chap. 135. — Art. 1er. — Les témoins qui assistent à la remise de l'acte de répudiation devront lire l'acte avant de le remettre et après que la femme l'aura reçu. La répudiation sera néanmoins valable quoique l'acte n'ait été lu qu'après sa remise à la femme (1).

II. *Formule de la lettre de répudiation.* — Tel jour de la semaine..... du mois,..... de l'année...., de la création du monde suivant le comput que nous comptons à..... ville sise..... moi (noms, prénoms, surnoms du mari) domicilié en ce jour à..... j'ai voulu par volonté personnelle, sans que j'y aie été forcé, renvoyer, répudier toi, ma femme (noms de la femme) qui étais ma femme avant ce jour et maintenant je te laisse, je te quitte, je te répudie, afin que dorénavant tu aies la liberté et le pouvoir d'aller épouser tout homme que tu voudras, et nul ne pourra protester contre, dès ce jour et à jamais ; et te voici libre pour tout homme, par moi qui te donne un écrit de répudiation, une lettre de renvoi, un acte d'abandon, suivant la loi de Moïse et d'Israël (2).

III. *Ceremonial de la repudiation.* — Chap. 154 *bis.* — 14. Le rabbin demandera au mari si c'est bien volontairement qu'il répudie sa femme, s'il agit en dehors de violence, d'un vœu ou d'un serment qu'il aurait fait. Il sera délié de son vœu ou de son serment s'il y a lieu.

15. Le mari présentera le papier, l'encre et le chalumeau au scribe devant témoins en lui disant : « Écris pour moi un acte à l'effet de répudier ma femme (noms de la femme) et dans le but d'une scission. Je t'autorise à en écrire cent si cela est nécessaire jusqu'à ce qu'il s'en trouve un qui soit à l'abri de toute critique sur l'écriture et les signatures ».

16. « Et vous A et B soyez témoins et signez cet acte dans l'intention de répudier ma femme (noms de la femme) et..... (comme la formule précédente) ».

20. Le mari déclarera aux témoins : « Je détruis toute protestation directe ou indirecte que j'ai pu faire contre l'acte de répudiation que vous allez signer..... Je déclare et en outre m'oblige à ne rien faire contre cet acte, et je récuse tout témoin qui prétendrait..... avoir entendu une parole emportant opposition à la répudiation ».

21. Les témoins se tiendront près du scribe lorsqu'il écrira le nom du mari, celui de la femme ainsi que la date ; ils devront entendre le scribe déclarer qu'il dresse l'acte au nom du mari et de la femme.

26. Le mari devra jurer par la Thora qu'il ne protestera pas contre l'acte et qu'il ne le contre-mandera pas.

36. Avant de commencer l'acte, le scribe demandera au mari ses nom, prénoms, surnoms et ceux de son père.

(1) Sch. Ar. t. II, p. 235 et s.

(2) Sch. Ar., t. II, p. 246; ch. 126, art. 8, en note. — Emmanuel Weill, *op. cit.,* p. 94.

37. Il fera les mêmes questions en ce qui concerne la femme et le père de la femme.

55. Le scribe avant d'écrire prononcera devant les témoins la formule suivante : « J'écris cet acte au nom de (noms du mari) dans le but de répudier sa femme (noms de la femme) et dans leur intention pour qu'il y ait scission entre eux », puis il écrira.

57. Les témoins signeront l'un au-dessous de l'autre. Ils devront d'abord lire l'acte.

58. Ils signeront en présence l'un de l'autre.

59. Chaque témoin dira avant de signer : Je signe cet acte dans l'intention de N..... pour qu'il répudie avec cet acte sa femme S..., puis il signera immédiatement.

64. Le scribe ne signera pas.

66. Le rabbin et les témoins liront l'acte complet ainsi que les signatures. Le rabbin demandera ensuite au scribe si c'est là l'acte qu'il a écrit sur l'ordre du mari, en son nom et dans l'intention de répudier sa femme S..... Le scribe devra répondre affirmativement. Le rabbin demandera alors à chacun des témoins : « As-tu entendu l'ordre donné au scribe par le mari d'écrire en son nom et à l'effet de répudier sa femme S..... ».

Le rabbin aura les témoins à ses côtés, l'un à sa droite, l'autre à sa gauche. Le scribe sera devant ainsi que le mari et la femme. Tous seront debout.

67. Reconnais-tu cet acte ?

68. L'as-tu signé par ordre du mari ?

69. En son nom et pour répudier ?

70. Reconnais-tu ta signature ?

71. L'as-tu apposée en présence de ton collègue ?

73. Les réponses des témoins devront être affirmatives.

74. Le rabbin remettra l'acte au mari en lui demandant de nouveau s'il divorce librement.

75. Le mari protestera de nouveau contre toute opposition.

77. La répudiation sera donnée devant dix personnes majeures y compris le scribe, les témoins et le rabbin.

78. Le rabbin engagera les personnes présentes à déclarer s'il y a quelque chose à redire au sujet de l'acte dressé ; dès qu'il sera remis, l'acte sera à l'abri de toute critique.

79. Le rabbin invitera l'assistance à prêter attention.

80. Les témoins signataires seront présents.

81. Il ordonnera à la femme d'enlever ses bagues et de joindre les mains sans les incliner.

La femme reste voilée jusqu'à ce que le rabbin lui adresse la parole. Il lui demandera si elle accepte le divorce volontairement; sa réponse doit être affirmative. Il s'informera si les questions de dot et d'intérêt sont réglées entre les époux.

82. Nul n'aidera la femme à prendre l'acte.

83. Elle ne fermera la main que quand on le lui dira.

84. Le mari mettra l'acte dans les mains de sa femme en disant : Voici ton acte de divorce. Par cet acte tu es répudiée de moi et permise à tout autre homme.

85. La femme fermera sa main, puis elle lèvera les deux mains ; le rabbin reprendra l'acte pour en donner lecture une seconde fois et il déclarera anathème quiconque se permettra de douter de sa régularité (1).

Présenté en raccourci, le cérémonial de la répudiation qu'il était nécessaire d'exposer ici tout au long (2) comprend les phases suivantes :

1°) Le mari, après avoir déclaré, sur interrogation du rabbin, qu'il répudie sa femme volontairement, enjoint au scribe et aux témoins de dresser et de signer l'acte de répudiation. Il annule toute déclaration contraire qu'il a pu faire antérieurement et s'engage à le respecter pour l'avenir (14-20 ; 26) (3).

2°) Le scribe, après s'être assuré de l'identité du mari et de la femme, et après avoir averti les témoins de ce qu'il va faire, dresse l'acte de répudiation sans le signer. Les témoins doivent être à ses côtés quand il écrit les noms et la date, et entendre sa déclaration (21 ; 36-57 ; 64).

3°) Les témoins lisent l'acte de répudiation, annoncent qu'ils vont le signer et le signent immédiatement après (57-59).

4°) Le rabbin lit l'acte complet, interroge successivement le scribe et les témoins sur son identité, les personnes présentes sur sa régularité ; et demande enfin au mari s'il consent toujours au divorce. Tous doivent répondre affirmativement (66-78).

5°) Le rabbin, après avoir appelé l'attention des assistants demande à la femme, si elle consent au divorce, si les questions pécuniaires sont réglées et lui ordonne d'élever les mains et d'enlever ses bagues. Le mari remet l'acte de répudiation entre les mains de sa femme et prononce en même temps la formule de répudiation. Le rabbin relit l'acte une seconde fois (79-86).

Tel est, sauf quelques détails dont on se dispense, le cérémo-

____

(1) *Sch. Ar.*, t. II, p. 293 et s.

(2) Il est indispensable en effet de connaître le détail de la cérémonie pour en comprendre la nature. Les prescriptions que nous n'avons pas reproduites — de là le numérotage — se réfèrent ou à des formalités accessoires ou à des hypothèses spéciales sans intérêt théorique (répudiation par mandataire ou par messager ; répudiation sous conditions ; répudiation de la femme mineure).

(3) Le mari est considéré comme répudiant volontairement sa femme, même quand il est légalement obligé de la répudier. Cf. *suprà*, p. 16, *Sch. Ar.*, Chap. 134, art. 5 et 9.

nial en usage encore aujourd'hui devant le tribunal rabbinique de Paris.

Il est incontestable qu'il existe, entre la législation juive du divorce, telle qu'elle vient d'être exposée, et la législation française, des différences profondes ; il est possible que ces différences d'ordre juridique soient de telle nature qu'elles s'opposent en tout ou en partie à l'application de la législation juive en France — et nous l'examinerons tout à l'heure. Mais nous devons provisoirement en faire abstraction. Nous n'avons point à rechercher en ce moment le caractère juridique du divorce juif ni si le type auquel il se ramène — répudiation, divorce par consentement mutuel, divorce pour causes légales — est compatible avec les règles de droit français. Nous n'avons qu'une question à résoudre et c'est la suivante : le divorce juif a-t-il en réalité comme l'affirme la Cour de cassation le caractère d'un acte confessionnel tel qu'il doive entraîner justement et nécessairement l'incompétence des tribunaux français, en vertu de cette règle évidente de logique et de bon sens qu'une autorité laïque française ne peut être substituée pour l'accomplissement d'un acte confessionnel à l'autorité religieuse compétente d'après la loi étrangère?

Il suffit pour y répondre de se rappeler les détails qui précèdent. Que le divorce juif soit imposé par la loi, voulu par le mari, ou réclamé par la femme, il a dans tous les cas l'aspect d'une répudiation librement consentie par le mari et accomplie dans les formes suivantes.

La lettre de répudiation qui est très simple — elle contient seulement les indications nécessaires de lieu, de date et d'identité avec l'expression de volonté du mari — est écrite par un scribe et signée par deux témoins sur l'ordre du mari, ordre personnel adressé successivement à chacun d'eux d'écrire et de signer une lettre de répudiation pour lui et sa femme Y. — Scribe et témoins avant d'écrire et de signer doivent énoncer ce qu'ils vont faire et pour qui. — Une fois écrite et signée, la lettre de répudiation est lue à haute voix par le rabbin qui préside la cérémonie ; remise par le mari à la femme qui lève les mains et ôte ses bagues pour la recevoir ; relue une seconde fois par le rabbin. — Le mari, à deux reprises, la femme, une seule fois, déclarent sur l'interrogation du rabbin consentir librement à la donner et à la recevoir. Le mari prête serment d'y rester fidèle et les assistants, dont le nombre n'est pas rigoureusement déterminé, sont invités à en signaler les irrégularités.

C'est toute la cérémonie. Et toutes ses formalités s'expliquent d'elles-mêmes : il faut permettre aux époux de manifester librement leur volonté, au scribe et aux témoins d'agir en connaissance de cause, aux assistants de conserver un souvenir précis de la cérémonie ; de là les déclarations de volonté des parties, les injonctions détaillées adressées au scribe et aux témoins et fidèlement reproduites par chacun d'eux, le contrôle permanent du public ; toutes ces prescriptions apparaissent comme une garantie de liberté pour le présent et un moyen de preuve pour l'avenir. On comprendrait sans doute qu'elles fussent moins compliquées ; il ne serait pas besoin pour atteindre au même but de tant de formules ni de tant de redites. Mais il faut compter avec la rigueur habituelle aux législations primitives, et cette réserve faite, on tombera peut-être d'accord que les formes du divorce juif ne diffèrent pas sensiblement des formes requises en France pour la rédaction d'un acte de l'état civil ou d'un acte notarié ; en tout cas qu'elles n'ont rien de confessionnel : pas d'invocation divine, de sacrifice expiatoire, de paroles prononcées sur l'autel sacré, de gestes rituels accomplis sur des objets de culte ou des aliments consacrés ; pas de prières, pas de bénédiction, pas d'agenouillement, ni de communion, rien que les mots et les gestes courants pour rompre un marché ou dissoudre un contrat ; rien qui rappelle les pratiques d'un culte quelconque, celles du culte juif en particulier qui se ramènent toujours à un acte de foi et de gratitude envers un Dieu unique de justice et de bonté.

Et qu'on n'objecte pas que certains détails de la répudiation ont un caractère rituel ; que la femme lève les mains et ôte ses bagues pour recevoir l'acte de répudiation ; que le mari jure sur la Thora d'y rester fidèle. Le premier point prend sa valeur propre et sa signification exacte si on le rapproche des autres détails de la cérémonie : tout y est combiné à la fois pour que la femme puisse prouver qu'elle a été répudiée et ne puisse pas nier qu'elle l'ait été ; elle lève les mains de façon que tout le monde voie bien qu'elle reçoit l'acte même qui vient d'être dressé ; et elle enlève ses bagues, pour le recevoir, à la lettre, en mains propres, et n'y conserver aucun corps étranger susceptible d'altérer la seule preuve qu'elle possède de sa liberté future. Si, d'autre part, le mari prête serment sur la Thora qui est à la fois un recueil de lois civiles et religieuses, il n'y faut voir qu'une solennité qui donne plus de force à sa parole, sans changer le caractère de la cérémonie : est-ce que le serment sur la Croix, obligatoire il n'y a pas bien longtemps dans tous les tribunaux de France, transformait en acte religieux la prestation de serment d'un témoin ou d'un avocat?

Mais, dira-t-on, c'est le rabbin qui préside et dirige la cérémonie de la répudiation, et son intervention suffit à lui conférer ce caractère rituel qu'on cherche vainement dans ses phases successives. D'accord, s'il y jouait un rôle religieux; s'il se manifestait par un acte quelconque — prières, bénédictions, gestes rituels ou paroles sacrées — comme l'organe ou le représentant d'une puissance métaphysique : alors, son intervention aurait incontestablement pour résultat de faire sortir la répudiation du domaine laïque et juridique. Mais à quoi se réduit-elle en réalité? il interroge les époux sur leur consentement, donne lecture de l'acte de répudiation quand il est rédigé, ordonne à la femme de lever les mains et d'enlever ses bagues pour le recevoir et invite les assistants à en signaler les irrégularités : c'est-à-dire qu'il procède à quelques actes très simples, empruntés à la vie juridique courante, et tout à fait analogues à ceux qu'accomplissent respectivement dans l'exercice de leur ministère, le notaire qui rédige un testament, ou l'officier de l'état civil qui célèbre un mariage, même, et l'analogie devient saisissante, l'officier de l'état civil qui avant 1886 prononçait publiquement le divorce à la requête et en présence des époux. En résumé, le rabbin qui intervient dans le divorce juif n'exerce pas son sacerdoce, il a dépouillé son caractère sacré; ce n'est même pas, sous l'aspect où nous l'avons montré jusqu'ici, un magistrat qui statue ou qui concilie; c'est un officier instrumentaire, un fonctionnaire de l'état civil qui enregistre les déclarations des parties, fait dresser un acte juridique conformément à ces déclarations, et en donne lecture quand il est rédigé; on ne saurait s'étonner que ce rôle ait été confié au rabbin lequel, dans la tradition juive, n'est pas seulement un prêtre, mais un docteur et un savant, qui sait les textes profanes comme les textes sacrés, mais un pasteur qui participe à toutes les cérémonies familiales; s'il préside à la répudiation, c'est pour lui assurer la rectitude et la solennité convenables.

Une particularité de la législation talmudique confirme nos conclusions : d'un texte cité précédemment [1] et extrait du *Schulchan Arouch* (chap. 130, art. 19) il résulte que l'acte de répudiation peut être dressé à l'étranger par les tribunaux locaux pourvu que les témoins soient israélites. N'est-ce pas la preuve certaine que la loi juive elle-même considère le divorce comme une cérémonie extra-confessionnelle, puisqu'elle admet pour y procéder des magistrats étrangers quelconques, et n'exige pas à leur place ou à côté d'eux l'intervention d'un ministre du culte juif. C'est aux tribunaux locaux, c'est-à-dire vraisemblablement à une autorité civile, qu'elle renvoie ses ressortissants qui résident à l'étranger. Mais pour qu'une autorité civile puisse être substituée au rabbin dans l'accomplissement de la répudiation, il faut que, dans cette partie de ses attributions, le rabbin n'agisse pas en qualité d'autorité religieuse : autrement la substitution serait inadmissible et la loi juive ne l'eût pas consacrée. Qu'on ne s'y méprenne pas : nous ne demandons pas qu'on s'incline en France devant la décision de la loi juive ; la loi française est souverainement compétente pour *qualifier* un acte donné, au sujet duquel s'élève devant un tribunal français un conflit de lois ou de juridictions [2]. C'est au nom de cette compétence que nous avons recherché, en nous inspirant des faits, des textes, et des habitudes d'esprit françaises, la qualification du divorce juif, si c'est un acte civil ou religieux : la décision, expresse ou tacite, de la loi juive, ne peut être dans notre démonstration qu'un argument de renfort.

Faut-il pousser plus loin cette démonstration ? pouvons-nous établir que le mariage juif étant exclusivement un contrat civil la dissolution religieuse est sans objet pour une union exclusivement civile ? Nous ne le pensons pas. Sans doute, le mariage juif n'a pas ce caractère profondément métaphysique qui fait du mariage catholique un sacrement en dehors de toute célébration religieuse [3] ; il n'en est pas moins vrai que la religion juive

---

(1) V. *suprà*, p. 17.

(2) Cf. Bartin, note précitée (D. 1903. 2. 49) et *Études de droit intern. privé*, Paris, 1899.

(3) On sait en effet que dans la doctrine canonique le mariage était considéré comme un sacrement bien avant que la célébration religieuse eût été rendue

accompagne le mariage de prières et de bénédictions [1], donc de ces éléments religieux qui n'existent pas pour la dissolution et qui lui confèrent fatalement, — quelles que soient leur valeur propre et leur importance réelle — le caractère d'une union religieuse. Seulement cette union ne se dissout pas religieusement... Si on réfléchit que des textes formels [2] déplorent le divorce et recommandent de l'éviter, on reconnaîtra qu'il serait contradictoire qu'il en fût autrement. La religion juive participe à la célébration du mariage, mais les unions éternelles qu'elle rêverait de créer sont au-dessus de l'humanité; elle se résigne à leur dissolution volontaire qu'elle accepte comme un mal nécessaire; mais elle n'y intervient pas et la laisse tout entière sous l'empire de la loi civile.

C'est donc à tort que la Cour suprême oppose aux demandes de divorce des israélites russes en France le caractère confessionnel du divorce juif. C'est, en dépit des apparences, une cérémonie parfaitement civile et laïque dont les règles sont consignées au *Schulchan Arouch*. Elle pouvait s'y référer sans

obligatoire par le Concile de Trente. — V. Esmein, *Le mariage en droit canonique*.

(1) Le mariage juif, cérémonie sainte de famille à l'origine (le père sert de pontife et donne la bénédiction nuptiale), est devenu une cérémonie religieuse où le rabbin joue un rôle religieux. « Les fiancés sont assis sous un dais, on « leur lit le contrat en langue hébraïque et les passages de l'écriture qui s'y rap- « portent, le fiancé met une bague au doigt de sa compagne en lui disant : que « cet anneau t'unisse à moi selon la loi de Moïse et d'Israël; le rabbin verse du « vin dans une coupe, le goûte, le fait goûter aux époux en leur disant : béni « soit l'auteur de toutes ces choses qui fait la joie de l'époux et de l'épouse... « qui a créé la gaieté, l'amour, et la fraternité, l'amitié et la paix » (*Sch. Ar.*, t. I, p. 168-169; Louis Germain Lévy, *op. cit.*, p. 155-160 pour le mariage primitif).

(2) *Sch. Ar.*, ch. 119, art. 3. Il n'est pas permis au mari de rompre un premier mariage sans un motif grave; si ce motif existe, le mari ne doit même pas se hâter de répudier sa femme... Du prophète Malachie (Ch. II, v. 13 et 14) et au Talmud (Guittin, f° 90). « L'autel se couvre de larmes, de pleurs, de gémisse- « ments, de sorte que l'Éternel ne peut pas tourner ses regards vers les offrandes... « Pourquoi ? Parce que l'Éternel a été témoin entre toi et la femme de ton jeune « âge et que tu l'as trahie quoiqu'elle soit ta compagne et ta femme par alliance.. « Oui je hais le divorce, dit l'Éternel, Dieu d'Israël... Ah, prenez garde à votre « conscience et ne commettez pas de trahison ». Le divorce, dit Emm. Weill, toléré plutôt qu'autorisé par la loi, ne laissa pas de provoquer en tous temps, chez les juifs, la désapprobation et le mépris de la société honnête. (*Sch. Ar.*, t. II, p. 233; Emm. Weill, *op. cit.*, p. 92).

scrupule, comme elle l'eût fait pour n'importe quel recueil de lois étrangères ; comme elle l'eût fait pour ce code lui-même, si elle avait dû statuer entre des époux juifs, non sur une demande en divorce, mais sur une demande en nullité de mariage.

III

Le divorce juif se présente sous la forme extérieure d'une répudiation librement consentie par le mari : il a en réalité un caractère absolument différent qu'il est facile de dégager des règles de fond que nous avons précédemment exposées [1].

Le mari est bien libre en principe de répudier sa femme toutes les fois qu'il lui plaît, mais il faut qu'elle y consente, puisque — depuis la réforme de Guerson — le rabbin lui demande formellement, après la lecture de la lettre de répudiation, si elle accepte de la recevoir et qu'elle ne saurait lui être remise valablement contre son gré : ce qui transforme le divorce par voie de répudiation en un divorce par consentement mutuel. Tel est le principe, qui comporte d'importantes dérogations :

1°) Les cas où le mari, légalement tenu de répudier sa femme, peut se passer de son consentement (adultère, mariage à un degré prohibé) ;

2°) Les cas où le mari manquant à une des obligations essentielles du mariage (non-entretien de la femme ; non-accomplissement du devoir conjugal, etc.) peut être contraint par la seule volonté de la femme à la répudier. — La contrainte est exercée contre le mari récalcitrant soit par l'autorité rabbinique, par voie de mesures religieuses, corporelles, pécuniaires, soit dans les pays où l'autorité rabbinique n'a pas de pouvoir de coercition, par l'autorité locale qui usera, aux termes mêmes du *Schulchan Arouch*, des moyens de contrainte ordinaires usités sur son territoire [2].

(1) V. *suprà*, p. 16.

(2) Aux textes cités p. 16 (*Sch. Ar.*, ch. 134, art. 5 et 9) il faut ajouter les indications suivantes (*Sch. Ar.*, ch. 154, art. 1er, note 2). « La loi rabbini-
« que employait l'anathème et même la flagellation. Dans tous les cas, dit El
« Faci, où la loi biblique ou rabbinique prescrit la répudiation, le mari qui résis-
« tera sera frappé de verges. Plus tard on se servit des moyens de coercition en
« usage dans les localités habitées par les israélites, notamment de l'emprison-
« nement. La flagellation pas plus que l'emprisonnement ne sauraient être au-

Le divorce juif, dans ces deux séries d'hypothèses, devient un divorce pour causes légales prononcé par autorité de justice — le rabbin et s'il y a lieu les magistrats locaux — qui statuent sur la requête de l'un des époux après examen des faits.

Nous devons rechercher si le divorce juif, sous les deux aspects que nous venons de préciser, est compatible avec les règles du droit français.

A. — Un premier point est incontestable : les Israélites russes ne sauraient invoquer devant un tribunal français toute cette partie de leur législation qui reconnaît et règlemente le divorce par consentement mutuel ; un principe d'ordre public absolu écarte ici l'application du statut personnel [1]. Si la loi française ignore le divorce par consentement mutuel, cela ne saurait être pour des considérations particulières aux Français ; par crainte, par exemple, que leur légèreté supposée détruise la famille et l'esprit familial en abusant de cette faculté. S'il en était ainsi, il eût été facile de combiner avec le principe du divorce par consentement mutuel tout un ensemble de garanties — diminution de la puissance parentale, sacrifices pécuniaires, délais prolongés, comparutions répétées devant la justice — auxquelles les caprices futiles et les fantaisies passagères n'eussent pas résisté. Si elle n'a pas adopté ce système, c'est qu'elle aperçoit entre le lien matrimonial et sa dissolution volontaire une incompatibilité naturelle ; c'est qu'elle tient le mariage réalisé, à la différence des autres contrats, pour un état permanent supérieur au consentement des parties, dont elle permet seulement la dissolution judiciaire dans des cas déterminés. Le caractère général de ces motifs en détermine la portée absolue : ils s'appliquent nécessairement aux étrangers comme aux Français.

« torisés en Algérie (ni évidemment en France) ; le seul moyen qu'ait une « femme de contraindre son mari à la répudier est une action en dommages-« intérêts ». — La doctrine tres juridique des traducteurs du *Schulchan Arouch* a été appliquée en Algérie même par la Cour d'Alger, dans une espèce voisine (arrêt 9 avr. 1908, rapporté dans l'*Univers Israélite* du 1er mai 1908, p. 208) : après un divorce civil entre deux Israélites, le mari refuse de donner le *guett*, c'est-à-dire la répudiation à son ancienne épouse ; demande d'indemnité formée par la femme ; et condamnation du mari à 5.000 francs de dommages-intérêts faute par lui de s'exécuter dans le mois de la signification de l'arrêt.

(1) Weiss, *Dr. intern. privé*, III, p. 602.

Mais alors se pose une question accessoire : pourquoi les Israélites russes ne s'adresseraient-ils pas à un rabbin qui procéderait dans les termes de la loi rabbinique? Nous avons dit au début de cette étude que cette procédure avait été adoptée en fait à plusieurs reprises et qu'elle résultait d'une interprétation contestable de l'arrêt de cassation du 29 mai 1905.

De son texte même il est impossible de déduire une pareille conséquence. En effet la Cour suprême se borne à établir l'incompétence des tribunaux français — dans des termes qui laissent absolument de côté la question de savoir qui est compétent à leur place — et à rejeter le pourvoi formé contre l'arrêt de la Cour de Paris. Il est bien vrai qu'elle en accepte par suite toutes les conséquences, y compris la situation de fait qu'il crée aux parties : « La Cour, — Attendu, etc...; Dit que le tribunal de « la Seine n'a ni qualité ni pouvoir pour prononcer la dissolu-« tion du mariage des époux X...; infirme en conséquence le juge-« ment dont est appel...; *renvoie la dame X... à se pourvoir ainsi* « *qu'elle avisera devant toute autorité ou juridiction ayant com-* « *pétence et pouvoir d'après son statut personnel* ». Mais cette jurisprudence n'a pas du tout la portée qu'on lui attribue.

Le renvoi qu'elle ordonne *devant toute autorité ou juridiction ayant pouvoir et compétence d'après le statut personnel des intéressés* suppose évidemment que, si une telle autorité se rencontre en France, elle devra en outre satisfaire aux exigences de l'ordre public français : la réserve est trop naturelle pour avoir besoin d'être expressément formulée. Et l'intervention du rabbin, si elle cadre bien avec ce qui est exprimé dans la doctrine consacrée par la Cour suprême, répond mal à ce qu'elle sous-entend. Qu'un rabbin, français ou étranger, procède en France au divorce par consentement mutuel des Israélites russes, et que ce divorce soit transcrit sur les registres de l'état civil, comme s'il émanait d'un tribunal ordinaire, c'est proprement inadmissible.

Les registres de l'état civil ne sont pas librement ouverts à tous les actes qui intéressent l'état civil des Français et des étrangers; il faut un texte formel qui autorise la rédaction des actes de l'état civil, la transcription des actes judiciaires ou des actes reçus à l'étranger, jusqu'aux mentions en marge des actes précédemment reçus. Ce sont les articles 251 et 252 du Code civil qui ordonnent et autorisent la transcription des jugements de divorce ; ils s'appliquent sans difficulté à ceux qu'obtiennent les étrangers dans les mêmes conditions que les Français. Mais quel rapport y a-t-il entre le divorce français où l'autorité compétente statue sur la requête de l'un des époux après examen des faits et le divorce juif où l'autorité compétente enregistre le consentement des époux? L'assimilation est arbitraire.

Elle l'est davantage encore dans la théorie que nous combattons. Le divorce juif est considéré, par la Cour de cassation, comme un acte religieux — puisqu'elle admet, pour ce motif, l'incompétence en la matière des juridictions françaises : et c'est de cet acte religieux qu'elle prescrirait ou permettrait la transcription sur les registres de l'état civil, au mépris du caractère exclusivement laïque que l'institution a toujours gardé, qu'elle puise dans son but et dans ses origines. Nous admettons que des actes religieux volontairement accomplis en France par des étrangers produisent des effets civils ; mais à mélanger, dans les mêmes instruments de preuve ou de validité, des actes laïques et confessionnels, on risque d'effacer des distinctions salutaires péniblement acquises et de confondre deux domaines qui doivent rester absolument distincts. En vérité la transcription à l'état civil des divorces rabbiniques, quelque caractère qu'on leur reconnaisse, est un phénomène juridique étrange [1].

Mais que dire de la compétence reconnue au rabbin — fonctionnaire public, s'il était français, avant la loi de séparation ; simple particulier depuis ?

Comment ! la loi française, jusqu'au 9 décembre 1905, multipliait les prescriptions destinées à enfermer les ministres des différents cultes reconnus et salariés par l'État dans leurs obligations sacerdotales ; elle leur refusait toute participation à la vie juridique de leurs coreligionnaires par crainte qu'ils en tirent

---

[1] Nous reproduisons ici dans sa partie essentielle l'acte de transcription établi à la mairie du 9e arrondissement, le 27 mars 1906. « Nous..... officier de l'état civil du 9e arrondissement de Paris, vu la note de M. le Procureur de la République près le tribunal civil de la Seine en date du... nous invitant à transcrire un certificat de divorce concernant..... avons transcrit littéralement ce qui suit. — Je soussigné rabbin des Israélites russes à Paris certifie que les époux X..... se sont présentés devant moi à la date du..... et ont été en ma présence divorcés d'après les prescriptions de la loi mosaïque et conformément aux rites et usages rabbiniques des Israélites russes. Fait à Paris le..... Signé Lubetzki — suivent les légalisations et formalités d'usage ».

une influence funeste aux individus et à l'État; elle leur interdisait en particulier de procéder à la célébration d'un mariage religieux sans avoir la preuve de la célébration antérieure du mariage civil (1) — et cela, sans distinction de cultes et de nationalités; elle punissait les contrevenants de peines croissant avec la récidive. Et elle aurait permis que les ministres d'un culte déterminé, prononcent, entre certains de leurs coreligionnaires étrangers, des divorces civilement obligatoires après transcription à l'état civil. Renversement contradictoire, et dérogation dangereuse à des principes absolus qui n'en comportent pas.

S'il est vrai d'autre part qu'il y a incompatibilité pour la législation française entre le mariage et sa dissolution volontaire, le divorce par consentement mutuel est impossible en France, non seulement devant les tribunaux civils, mais aussi devant le rabbin, avant ou après la séparation. Fonctionnaire public, il doit, comme toute autorité publique, obéissance à la loi; et quand il a perdu ce caractère, comment soutenir sa compétence? Le lien matrimonial paraît si grave que la loi française n'admet pas qu'il soit dissous par la volonté des parties malgré toutes les garanties que présentent l'intervention d'un tribunal régulier et l'observation d'une procédure légale. Et elle permettrait qu'il puisse être dissous de cette façon devant de simples particuliers, qui ne présentent ni surface ni garantie. Elle ignore leur nationalité, leur origine, leur moralité et leur compétence professsionnelle; et elle leur confierait un rôle qu'elle refuse à des magistrats éprouvés régulièrement constitués. Ce serait une lamentable incohérence et un manque de respect à la souveraineté étrangère dont elle livrerait les nationaux, pour le règlement d'intérêts civils considérables, à des individualités sur lesquelles elle ne peut exercer ni autorité ni contrôle.

B. — Au contraire, dans la mesure où le divorce juif est un divorce pour causes légales prononcé par autorité de justice, il est parfaitement juridique d'en faire application aux Israélites russes qui se présentent devant les tribunaux français.

Distinguer dans les règles du statut personnel celles qui sont

(1) Articles 54 et 55, L. 18 germ. an X. — Code pénal, articles 199 et 200.

contraires à l'ordre public et celles qui ne le sont pas ; écarter celles-ci pour conserver exclusivement celles-là sont choses courantes en droit international privé — à une condition toutefois : c'est que cette application tronquée de la loi étrangère ne conduise pas à des injustices dont ses ressortissants soient victimes. Et ce n'est pas le cas. La loi juive connaît à la fois le divorce par consentement mutuel et le divorce pour causes légales ; le premier est interdit aux époux sur le territoire français, mais quelle raison de leur refuser le second ? Pourquoi le mari d'une femme adultère, pourquoi la femme d'un mari impuissant, seraient-ils irrecevables à réclamer d'un tribunal français la dissolution de leur mariage — comme ils pourraient le faire en Russie devant l'autorité rabbinique, assistée ou non de l'autorité civile, si leur statut personnel y était exactement appliqué [1] ?

On trouvera peut-être que la femme jouit à l'encontre de son mari d'une situation privilégiée : celui-ci ne peut demander le divorce qu'en cas d'adultère ; elle, peut le demander dans tous les cas où son mari manque à une des obligations essentielles du mariage — ils rentrent tous dans la notion française de l'injure grave. Mais cette inégalité de traitement est dans la loi juive ; elle ne provient pas de son application partielle en France. Faut-il, pour l'éviter, refuser au mari et à la femme le divorce dans

(1) De la consultation des rabbins d'Odessa rapportée dans l'arrêt de la Cour de Paris (Dalloz, 1903. 2. 54, 1re col.), il résulte qu'on connaît seulement dans l'Empire russe le divorce par consentement mutuel. Des renseignements qui nous sont parvenus disent le contraire. Et le tribunal rabbinique, dans sa décision relative à l'affaire Levinçon dont nous parlons plus loin, pose en principe que « dans les pays où les israélites sont régis par leur statut personnel... l'autorité « religieuse a... les pouvoirs nécessaires pour contraindre un mari à libérer sa « femme dans certains cas nettement déterminés ». Il est bien difficile de dégager la vérité au milieu de ces affirmations contradictoires. Il est probable que la jurisprudence varie avec les circonscriptions. En tout cas nous n'avons pas à entrer dans ces difficultés. Si le divorce pour causes légales, qui fait partie intégrante de la législation talmudique, n'est pas appliqué en Russie aux israélites russes, cela tient fatalement au concours de deux circonstances : le rabbin qui n'a pas de pouvoir de coercition ne trouve pas auprès de l'autorité civile russe le concours prescrit par la législation talmudique, applicable d'après les lois russes aux israélites russes (Art. 30, C. civ. (ch. III) ; art. 1325 (tit. XI) du Règlement des affaires du culte hébraïque). Or s'il faut en principe appliquer aux étrangers en France leur statut personnel tel qu'on l'applique dans leur pays d'origine, cette obligation n'a plus d'objet s'il n'y est pas appliqué — et cela par suite d'un véritable déni de justice de l'autorité étrangère.

tous les cas, et les enfermer par crainte d'injustice, dans le malheur d'une union indissoluble?

Reste la question de forme. Même quand le divorce est obtenu par autorité de justice, la loi juive conserve la forme traditionnelle de la répudiation librement consentie par le mari; le mari est obligé en fait sur la requête de sa femme, de la répudier; il est censé en apparence, lui remettre volontairement la lettre de répudiation qu'elle se borne à accepter; le cérémonial traditionnel ne varie pas.

Il est impossible de le transplanter en France. Il ne saurait être question en effet de faire jouer au tribunal français le rôle dévolu au rabbin dans la cérémonie : les lois de procédure sont essentiellement territoriales et un tribunal français ne peut s'en écarter; tout son rôle doit se borner à examiner la demande et les faits invoqués à l'appui, et à prononcer le divorce *de plano* ou après enquête si la demande est légale et les faits établis. Et c'est à vrai dire le rôle que joue nécessairement le rabbin dans la même hypothèse; pour obliger le mari à répudier sa femme dans un cas déterminé, il faut qu'il examine si le cas est prouvé et s'il rentre dans les prévisions de la loi; seulement, ce rôle, il le joue dans la coulisse; officiellement, il reste l'officier instrumentaire qui préside simplement à la répudiation.

Mais le divorce prononcé en justice n'est pas acquis aux parties; il ne le devient qu'après sa transcription sur les registres de l'état civil à la requête de l'une d'elles. Sans doute cette formalité est indispensable; le texte de l'article 252 est formel; le divorce non transcrit dans le délai de deux mois est nul. Mais ne pourrait-on imposer ensuite, pour respecter les formes traditionnelles de la législation juive, l'accomplissement régulier de la répudiation devant un rabbin? L'hypothèse n'a rien d'extravagant, puisqu'on a pu voir un tribunal français annuler un mariage civil célébré en France entre deux étrangers et inscrit à l'état civil parce qu'il n'avait pas été suivi d'un mariage religieux [1]. Mais précisément la répudiation rabbinique n'a rien de religieux; c'est une cérémonie laïque qui va faire double emploi avec une autre cérémonie laïque, la transcription à l'état civil, et créer entre l'autorité rabbinique et l'autorité civile une situation inadmissible. Le rabbin ne constitue plus depuis la sépa-

____

(1) Jugement Mostickzer. Cette *Revue*, 1908, p. 765.

ration une autorité légale, à laquelle une autre autorité légale
puisse adresser des injonctions obligatoires; c'est un simple particulier contre lequel on n'a d'autre moyen de coercition que les
sanctions pécuniaires. Comment faire, si, parce qu'il n'interprète
pas les faits comme le tribunal civil, parce qu'il est frauduleu-
sement d'accord avec l'un des époux, il retarde ou refuse de procéder à la répudiation ordonnée par le tribunal? Est-il admissible que la volonté souveraine de l'autorité judiciaire soit mise
en échec par un simple particulier? est-il même admissible, en
dehors de toute difficulté, que cette volonté pour être efficace
doive être entérinée par un simple particulier?

Les Israélites russes sont donc parfaitement recevables,
dans un certain nombre de cas, à former devant les tribunaux
français une demande en divorce; mais ils doivent renoncer
complètement aux formes de la législation juive.

Cette solution nécessaire, d'accord avec la règle *locus regit
actum*, est conforme à l'esprit de la législation juive.

1° La cérémonie de la répudiation, comme le fait excellem-
ment remarquer M. Bartin, est une forme vide de sens qu'il n'y
a pas d'inconvénient à écarter [1].

2° En décidant que l'autorité locale devra employer contre
le mari les procédés de contrainte usités sur son territoire [2], la
loi juive montre à l'évidence que l'essentiel est de forcer la
volonté du mari, de dissoudre le mariage dans les cas où elle
l'ordonne ou l'autorise; et que les moyens importent peu, pourvu
que le but soit atteint. N'est-il pas atteint pleinement quand le
divorce est réalisé directement par l'autorité locale?

En résumé, la loi juive du divorce est une loi civile dont
les dispositions peuvent être appliquées en France par les tribunaux français dans la mesure où elles sont compatibles avec les
principes d'ordre public qui y sont reçus — c'est-à-dire dans
la mesure où le divorce juif est un divorce pour causes légales
prononcé par autorité de justice. En aucun cas les rabbins ne
sont recevables à procéder à la dissolution d'un mariage qui
puisse avoir un caractère obligatoire ou une portée juridique.

(1) Note précitée, Dalloz, 1903. 2. 51.
(2) V. *suprà*, p. 16.

IV

Nous avons supposé jusqu'ici qu'il s'agissait de deux israélites, Russes d'origine, et valablement mariés en France ou en Russie. Les conditions de validité du mariage en Russie ne sont pas pour nous intéresser : c'est la loi russe qui est compétente, même quand il s'agit d'une Française qui épouse un Russe. Il appartient au contraire à la loi française de statuer quand le mariage a lieu en France, que les deux époux soient Russes ou que la femme soit Française; tout au moins faut-il chercher la solution dans les règles de droit international privé consacrées par la législation française. Nous examinerons donc rapidement :

1° Les conditions de validité du mariage en France de deux israélites russes ;

2° Les conditions de validité et les effets du mariage en France d'une israélite française avec un israélite russe.

A. — Nous avons exposé précédemment que les étrangers ne sauraient être astreints sur le territoire français, même indirectement, à des pratiques cultuelles; que, par conséquent, le mariage religieux n'est jamais obligatoire, même pour des étrangers dont la loi nationale l'impose. C'est le cas des israélites russes : pourvu qu'ils se marient civilement, la loi française les tient pour mariés [1].

Mais ce mariage civil est-il nécessaire, et le mariage religieux, en supposant qu'ils le célèbrent de bon gré, ne suffirait-il pas?

Nous avons reproduit les principaux éléments de la controverse [2]; nous avons indiqué l'évolution doctrinale qui tend à l'affirmative [3] et qui s'est trouvée sinon consacrée, du moins fortement appuyée par une règle nouvelle de la Conférence de la Haye [4] : « *Le mariage nul quant à la forme dans le pays où il*

---

(1) Cette *Revue*, 1908, p. 766-768.

(2) Cette *Revue*, 1908, p. 764.

(3) La jurisprudence ne paraît pas encore s'y rallier : on lit dans les attendus d'un arrêt de la Cour de Paris du 31 décembre 1907, V. cette *Revue, Jurisprudence française,* v° *Séparation de corps* : « La règle de sécularisation du ma-« riage qui est d'ordre public et oblige les étrangers qui se marient en France à « la célébration civile de leur union..... ».

(4) Convention du 12 juin 1902, article 7, conclue entre douze puissances européennes dont la France, promulguée par décret du 17 juin 1904 (Cette *Revue*, 1905, p. 217).

a été célébré, pourra néanmoins être reconnu comme valable dans les autres pays si la forme prescrite par la loi nationale de chacune des parties a été observée ». D'où il résulte qu'un mariage exclusivement religieux, nul dans le pays de la célébration, pourra être tenu pour valable non seulement dans le pays d'origine des époux, mais même dans les pays tiers : ce qui diminue singulièrement l'importance et la valeur de la nullité admise dans le pays de célébration.

Si le pays de célébration est la France, il faut, à notre avis, écarter complètement la nullité.

Pour qu'un mariage exclusivement religieux, célébré en France entre deux étrangers, fût insuffisant, il faudrait que la laïcité du mariage fût une règle universelle ou bien que la célébration publique devant l'autorité municipale avec inscription à l'état civil fût en France considérée comme une nécessité absolue. Les deux choses sont également fausses.

Nous avons montré que la laïcité des institutions françaises est une règle de droit privé faite pour les Français, qu'il n'y a aucune raison d'étendre aux étrangers en dépit de leur loi nationale [1].

Quant à l'obligation du mariage public et municipal, elle est contredite par des règles certaines de droit international privé et ne repose sur aucun fondement. Tout le monde admet que les agents diplomatiques et consulaires procèdent en France au mariage de leurs nationaux, dans le secret de l'ambassade ou du consulat, et sans qu'il en paraisse aucune trace sur les registres de l'état civil; on reconnaît de même la pleine validité du mariage réalisé en France par simple consentement, par exemple entre deux citoyens américains domiciliés dans l'État de New-York [2]. Et c'est à juste titre. Sans doute le mariage produit sur l'état et la capacité des personnes des effets considérables; il serait bon qu'on en eût une preuve, toujours établie et toujours accessible. Mais nombreuses sont les tractations où ces facilités n'existent pas : les parties sont étrangères; elles se sont mariées à l'étranger; la preuve de leur mariage est à l'étranger. Et la vie juridique ne devient pas dans ces circonstances beaucoup plus difficile ni beaucoup plus dangereuse : de sorte qu'au point de vue des garanties qui en résultent la nécessité absolue

(1) Cette *Revue*, 1908, p. 763-768.
(2) Weiss, *Dr. intern. privé*, t. III, p. 486.

de l'état civil n'est pas établie. Il est bien vrai, d'autre part, que la célébration publique du mariage, avec les publications qui précèdent, permet de contrôler si les conditions légales sont remplies : mais si la loi étrangère ne se soucie pas d'une telle précaution, pourquoi se montrer plus rigoureux?

Concluons donc qu'il n'y a rien dans le triple caractère du mariage français — acte laïque, public et d'état civil — qui en fasse pour les étrangers une obligation rigoureuse.

Mais peut-être cette obligation résulte-t-elle des articles 199 et 200 du Code pénal que la loi du 9 décembre 1905 n'a pas abrogés? Ces textes punissent de peines, progressives avec la récidive, les ministres des différents cultes qui procèdent à la célébration d'un mariage religieux sans avoir la preuve d'un mariage civil préalable. Si le prêtre est punissable, le mariage n'est-il pas nul?

On pourrait soutenir — et on a soutenu — que la culpabilité du prêtre n'entraîne pas nécessairement la nullité du mariage : en effet la célébration d'un mariage par un officier de l'état civil au mépris d'oppositions dûment signifiées est un délit, et le mariage est cependant valable. Mais le prêtre est-il punissable quand il agit entre deux étrangers dont la loi nationale admet le mariage exclusivement religieux? Les articles 199 et 200 du Code pénal reposent sur un double fondement : sauvegarder le principe du mariage laïque; interdire à des fonctionnaires religieux toute ingérence en matière civile. De ces deux motifs, le premier n'a jamais été fait pour les étrangers; et le second est sans objet depuis que les ministres des différents cultes ont cessé d'être des fonctionnaires : les règles de notre législation qui les confinaient dans leurs attributions sacerdotales ont disparu (art. 34 et 55, L. 18 germ. an X). D'où il suit que les articles 199 et 200 du Code pénal ne sont plus applicables, depuis la séparation, à ceux qui procèdent entre leurs coreligionnaires étrangers à un mariage exclusivement religieux; et que ni les principes, ni le droit positif français ne s'opposent à la validité de pareils mariages (1).

(1) V. sur ces différents points, *J. dr. int. pr.*, 1907, p. 97 et s. — Pillet, *Principes*, p. 479. — Il n'y a pas de contradiction entre cette conclusion et celle à laquelle nous avons abouti sur le divorce, à savoir la nullité du divorce rabbinique. Il n'y a pas d'assimilation à établir entre le divorce et le mariage, entre le divorce juif et le mariage juif : le divorce rabbinique n'a rien de religieux;

B. — Il en va tout autrement quand il s'agit d'une Française qui épouse un Russe en France. Quels que soient les changements éventuels que son mariage entraîne dans sa nationalité, c'est une Française au moment où elle se marie; il faut lui appliquer les règles propres aux Françaises qui se marient en France : donc, nécessité du mariage civil; le mariage religieux reste facultatif et ne peut être célébré qu'après le mariage civil. Toutefois on aurait tort de croire qu'il ne produit pas d'effets juridiques. En effet l'article 19 du Code civil, qui prévoit l'hypothèse d'une Française qui épouse un étranger, subordonne la perte de la nationalité française pour la femme à l'acquisition de la nationalité étrangère; et la loi russe, de son côté, subordonne l'acquisition de la nationa'ité russe à l'existence d'un mariage régulier — et régulier d'après la loi russe — c'est-à-dire d'un mariage religieux [1] : de telle sorte que le mariage religieux en France d'un israélite russe avec une israélite française produit automatiquement, par la simple application de l'article 19, la dénationalisation de celle-ci. Une objection se présente qu'il est facile de réfuter : les actes religieux accomplis en France par des Français n'existent pas pour la loi française; ils restent sans portée juridique à leur égard et ne peuvent produire en particulier un changement de nationalité. Nous ne contestons pas ce principe; on remarquera cependant qu'à vouloir en assurer le respect dans la circonstance, on en sacrifie un autre, également certain, dont s'inspire toute la législation française sur la nationalité — à savoir, l'identité de nationalité entre les époux et dans la famille : pourquoi celui-ci et pas celui-là? On remarquera en outre que si les actes religieux accomplis par les Français en France sont sans valeur juridique, c'est pour sauvegarder leur liberté avec le caractère laïque de leur droit : nous avons maintenu que le mariage civil est pour eux une obligation; le mariage religieux, une faculté; mais persister à l'ignorer dans tous les cas, c'est risquer

le rôle du rabbin, dans le divorce et le mariage, est tout différent; et la loi française elle-même qui admet parfaitement les agents diplomatiques et consulaires à procéder en France au mariage de leurs nationaux, ne leur a jamais reconnu pareille compétence en matière de divorce.

(1) Ukase du 6 mars 1864 sur la naturalisation. Art. 17, C. civ. russe, édit. 1899, tit. 6, art. 855.

d'enfermer une Française dans une nationalité dont elle peut très bien vouloir se dépouiller pour acquérir celle de son mari, c'est risquer de violer cette liberté qu'on prétendait garantir, c'est être la dupe des mots et le jouet d'une formule.

La doctrine qui précède conduit à des conclusions pratiques importantes. Si la femme israélite et française qui épouse en France un israélite russe se contente de se marier civilement, elle sera bien mariée valablement aux yeux de la loi française, mais elle n'aura pas, aux yeux de la loi française, acquis la nationalité de son mari : française elle était, française elle sera restée : s'il est regrettable que deux époux soient de nationalité différente, le phénomène est susceptible de se produire dans certaines hypothèses, par exemple en cas de naturalisation unilatérale; seulement, si plus tard une demande en divorce est formée devant un tribunal français, celui-ci devra statuer entre deux époux dont la nationalité — et par suite le statut personnel — sont différents : situation délicate, mais point inextricable, surtout quand l'un d'eux est français : l'application de la législation française s'impose [1]. Il est donc essentiel de savoir, en cas de mariage en France entre une israélite française et un israélite russe, s'il y a eu mariage religieux ou seulement mariage civil. Dans les deux cas il y a un mariage valable ; mais, dans le second, l'union matrimoniale reste dans toutes ses conséquences et jusqu'à sa dissolution sous l'empire de la législation française; si au contraire il y a mariage religieux, c'est du statut personnel des israélites russes qu'il faudra faire application.

C'est précisément dans ces termes que se posait la question dans l'affaire Levinçon. Madame Levinçon, Française d'origine, avait épousé un Russe en France, civilement et religieusement; elle avait acquis, par suite, incontestablement, la nationalité de son mari; on se trouvait, donc, en présence d'israélites russes auxquels il fallait appliquer leur statut personnel, c'est-à-dire la législation talmudique. On conçoit, en présence de la doctrine d'incompétence admise par la Cour suprême, que des efforts aussi persévérants qu'ingénieux aient été faits pour arracher une Française d'origine à ses redoutables conséquences. Comme il y avait chose jugée sur la ques-

____

(1) Vareilles-Sommières, *La synthèse du dr. int. pr.*, t. II, p. 160.

tion de divorce, elle a dû former une demande en séparation de corps; comme la séparation de corps, ignorée de la loi juive, devait lui être refusée, si on reconnaissait son changement de nationalité, on a imaginé de le contester; on a prétendu qu'elle était restée française; on a soutenu que, la loi russe subordonnant l'acquisition de la nationalité russe à la célébration d'un mariage religieux, il était contraire aux principes du droit public français qu'on obéît en France aux injonctions de la loi russe; qu'on attachât, à un acte religieux accompli en France et inexistant pour la loi française, des conséquences aussi considérables que la perte de la nationalité française et l'acquisition d'une nationalité étrangère[1]; on a même versé aux débats une décision de l'autorité rabbinique, décrétant, en vertu d'une compétence assez mal définie et au moins aventurée, que les mariages religieux auxquels elle procède en France ne peuvent produire d'effets civils[2]. La nouvelle demande de Madame Levinçon fut successivement repoussée par le tribunal de la Seine et la Cour de Paris[3]; cependant la Chambre des requêtes vient d'admettre son pourvoi contre ce dernier arrêt [4] : si bien que l'histoire de cette affaire — biblique — peut être ainsi résumée.. Après avoir proclamé sur la compétence des tribunaux français en matière confessionnelle des vérités incontestables, la Cour suprême en a fait mal à propos application aux israélites russes, par suite d'une connaissance insuffisante de la législation juive; pour échapper aux conséquences rigoureuses qui eussent été dans la logique de son arrêt — l'impossibilité pour les israélites russes d'obtenir le divorce en France — on en a tiré des conséquences extravagantes telles que les divorces rabbiniques avec transcription à l'état civil; on y a trouvé ensuite des palliatifs fragiles en faveur des Françaises qui épousent des Russes en France et dont on a voulu faire des

(1) Plaidoirie de Me Édouard Ignace au tribunal de la Seine et à la Cour de Paris. — On a vu que l'application absolue du principe de laïcité des institutions françaises est une exagération et un préjugé; et faut-il répéter, une fois de plus, qu'en appliquant en France une loi étrangère en vertu d'une disposition, expresse ou tacite, de la loi française on n'obéit pas aux injonctions de la loi étrangère?

(2) La Cour de Paris déclare cette décision « dépourvue de toute portée juridique ». V. cette *Revue*, *Jurisprudence*, v° *Separation de corps*.

(3) Cette *Revue*, 1907, p. 396 et 1909, *eod. loc.*

— (4) Arrêt du 5 janvier 1909.

Françaises quand même, en dépit des textes et des principes. Nous sommes fermement convaincu que la Chambre civile, quand elle devra se prononcer, se refusera à couvrir, par une erreur de doctrine, une insuffisance passagère d'information.

IMPRIMERIE
CONTANT-LAGUERRE
LVX IN VITAM
BAR-LE-DUC

www.ingramcontent.com/pod-product-compliance
Lightning Source LLC
LaVergne TN
LVHW012253050726
842524LV00004B/1132